Roksana Sotek · Tatjana Nattermann · Nicole von Kleist

Fantasievolle Henna-Tattoos

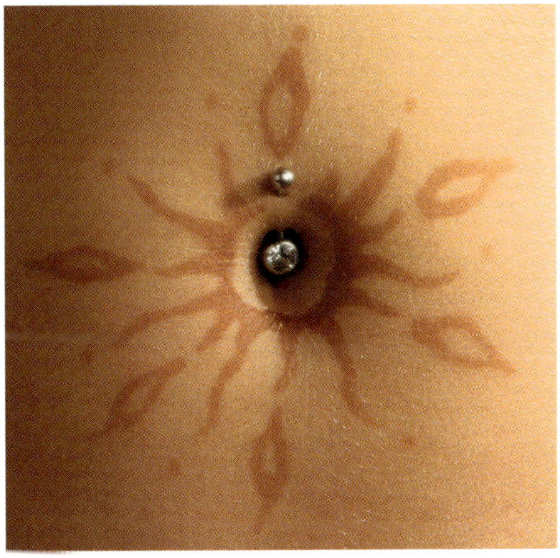

FALKEN

Henna-Design: Bodypainting mit Tradition

Was ist Henna?

Henna hat neben anderen heilenden und kosmetischen Eigenschaften eine kühlende Wirkung, weshalb sich die Menschen in den oft heißen Herkunftsländern des Hennas die Handinnenflächen und Fußsohlen mit Henna einfärben.

Henna ist ein natürlicher Farbstoff, der aus den Pflanzenbestandteilen des Hennastrauchs (Lawsonia alba) gewonnen wird. Im pulverisierten Zustand wird Henna zum Färben verwendet. Als Zusatzstoff für kosmetische Produkte und für Medikamente benötigt man es jedoch in flüssiger Form. Das heutzutage im Handel erhältliche Henna kommt hauptsächlich aus den Ländern im Mittleren Osten und aus Nordafrika. Den Herkunftsort des Hennas kann man leicht über dessen Farbe bestimmen. Während Henna aus Afrika in der Regel schwarz ist, hat Henna aus arabischen Ländern und aus Indien eine rot-braune Farbe. Diese Farbunterschiede werden durch die Beigabe von Zusätzen hervorgerufen wie von Indigo oder von Eisensulfid. Anstelle von *Henna* gibt es für den Farbstoff – je nach Herkunftsland – noch viele andere Bezeichnungen. Die wohl bekanntesten sind *Mehndi* oder *Mehendi* (Indien) sowie *Hinna* oder *Henne* (Arabien). Schwarzes Henna nennt man *Saumer*. Es kommt vor allem aus dem Sudan, wird jedoch nur von Männern angewandt.

Spirituelle Ursprünge

Henna wird wahrscheinlich schon seit über 5000 Jahren als Kosmetik-, Heil- und Färbemittel verwendet. Einer der ältesten Nachweise über den Gebrauch von Henna stammt aus Ägypten. Demzufolge wurde Henna bei der Mumifizierung der Pharaonen eingesetzt, deren Finger und Zehen man zum Schutz vor bösen Geistern einfärbte. Ursprünge spiritueller Hennamalereien sind auch in Indien, im Mittleren Osten und in Nordafrika zu finden. Historischen Quellen zufolge wurde das Hennapulver durch die Mogulen im 12. Jahrhundert nach Christus nach Indien gebracht.

In islamischen Ländern hat die Hennamalerei eine große religiöse Bedeutung, da sich zeitgenössischen Berichten zufolge der Prophet Mohammed zu Lebzeiten sowohl Bart- wie Haupthaare mit Henna eingefärbt haben soll. Seine Frauen röteten sich mit Henna die Finger und Fingernägel.

Design mit symbolischer Bedeutung

Für *islamische Henna-Designs* ist kennzeichnend, dass sie sich oft auf das bloße Einfärben von Händen und Füßen beschränken. Darüber hinausgehende Gestaltungen zeigen ornamentale Muster, da die islamische Kunst eine figürliche Darstellung, zum Beispiel die von Menschen oder von Tieren, verbietet. Besonders gerne werden die Hände und Füße mit großen, blumenartigen Designs geschmückt. Unterschiede im Design sind auch von Region zu Religion festzustellen. Nimmt man als Beispiel Marokko, so stellt man fest, dass die Malerei in den ländlichen Gebieten wesentlich grobstrukturierter gestaltet ist, während man in den städtischen Gebieten elegantere, feinere Designs findet.
Die *indische Hennamalerei* bevorzugt feine Linien und zeigt äußerst filigrane Strukturen. Es werden nicht nur bestimmte Körperstellen mit Henna bemalt, sondern Hände, Oberarme, Füße und Beine meist vollständig mit ornamentalen spirituellen Mustern bedeckt. Eine Vorliebe für florale Motive ist ebenfalls zu erkennen.
Die *afrikanische Hennamalerei* dagegen zeichnet sich durch grobstrukturierte Design-Muster aus, die sich hauptsächlich aus geometrischen Figuren aufbauen. Die Motivkonturen sind sehr breit.

Jedes mit Henna auf den Körper gemalte Symbol hat seine eigene Bedeutung, soll zum Beispiel vor bösen Geistern und Krankheiten schützen oder Glück und langes Leben verheißen. Je nach religiösem und traditionellem Hintergrund unterscheiden sich die Designs von Land zu Land.

Henna-Design für die Hochzeitsnacht

Eine wesentliche Rolle spielt die Körperverzierung mit Henna in den Herkunftsländern vor allem bei Hochzeiten. Entsprechend den jeweiligen landesüblichen Riten wird die Braut in der Nacht vor der Hochzeit von ihren Freundinnen oder von Frauen aus ihrer Verwandtschaft kunstvoll mit Hennamalereien geschmückt. Diese bedecken vollständig ganze Körperpartien und dienen als natürlicher Schmuck für den Bräutigam. Oft wird der Name des Bräutigams mit in das Design eingearbeitet, den dieser dann finden muss ...
In manchen Religionen herrscht der Glaube, dass die Haltbarkeit der Hennamalerei über die Zukunft der Braut entscheidet. So nimmt man an, dass – je dunkler die Hennamalerei wird – die Braut umso mehr von der zukünftigen Schwiegermutter geliebt und akzeptiert wird. Außerdem muss sich die frischverheiratete Braut weder um die Hausarbeit noch um das Kochen kümmern, solange die Malerei vorhanden ist. Mancherorts werden auch die Hände des Bräutigams mit Hennamalereien verziert, wobei es Muster gibt, die ausschließlich den Männern vorbehalten sind.

Malen mit Henna: Materialien und Technik

Ein Henna-Design ist ein natürlicher Körperschmuck, ähnlich einem Tattoo. Anders als bei einer „normalen" Tätowierung hält ein Henna-Tattoo jedoch nicht für immer. Es bleibt etwa 10 bis 14 Tage auf der Haut und verblasst dann langsam. Deshalb spricht man hier auch von temporären, also zeitlich begrenzten Tattoos.

Ist das Henna-Design frisch aufgetragen, hat die Malerei zunächst eine orangene Farbe. Innerhalb der nächsten 12 bis 24 Stunden dunkelt die Farbe nach bis zu einem intensiven dunklen Rotbraun (je nach Hauttyp).

Malen mit Motivtransfers

Traditionell wird die Hennapaste in freier Gestalung auf die Haut gemalt. Es gibt jedoch Hilfsmittel, mit denen man ein professionelles Henna-Design ganz einfach selbst gestalten kann. Mit einem Transferbogen, wie er im Anhang dieses Buches zu finden ist, wird ein Motiv ähnlich wie bei einem Abziehbild auf die Haut aufgebracht und das aufgetragene Motiv dann mit Henna auf der Haut nachgemalt. Diese leicht anwendbare Methode ist auf der Seite 6 genau und Schritt für Schritt erklärt.

Malen mit Henna aus der Tube

Damit Sie möglichst lange Freude an Ihrem Henna-Design haben, sind vorab einige wichtige Dinge zu beachten. Zuerst ist die Entscheidung zu treffen, in welcher Anwendungsform Henna für Sie am geeignetesten ist. Anfänger sollten sich am besten schon fertige Hennapaste besorgen. Dieses Produkt ist in einer Tube erhältlich, gebrauchsfertig abgefüllt und leicht aufzutragen. Dabei ist darauf zu achten, dass es unterschiedliche Preis- und Qualitätsstufen gibt.

Ebenfalls ist daran zu denken, dass auch wirklich Henna als Färbemittel enthalten ist und nicht eine hennaähnliche Färbesubstanz. In der Inhaltsstoffliste auf dem Tubenetikett sollten auf jeden Fall Henna und Zitronensäure aufgeführt sein. Aus Gründen der eigenen Sicherheit hat das Produkt unbedingt der Kosmetikverordnung zu entsprechen.

Hennapaste selber herstellen

Für geübtere Anwender gibt es die Möglichkeit, die Hennapaste selbst herzustellen. Diese Methode benötigt aber etwas Geduld und Zeit. Zum Herstellen der Hennapaste geben Sie in einen halben Liter kochendes Wasser zwei gehäufte Teelöffel Tee sowie zwei gehäufte Teelöffel Kaffepulver. Lassen Sie die Flüssigkeit nun etwa eine Stunde sieden. Sieben Sie die abgekühlte Flüssigkeit nach dem Kochen durch, und mischen Sie anschließend das Hennapulver unter. Die fertige Hennapaste sollte eine feste breiige Konsistenz haben, vergleichbar einem flüssigen Zuckerguss. Die Paste muss nun etwa drei Stunden lang kühl und trocken aufbewahrt werden, am besten in einem Kühlschrank. Geben Sie die Hennapaste dann in einen Plastikspritzbeutel mit feiner Spritztülle und beginnen Sie mit der Malerei.

Zutaten für die Hennapaste:

½ l kochendes Wasser
2 gehäufte Teelöffel Kaffeepulver
2 gehäufte Teelöffel Schwarzen Tee
Hennapulver

Hautvorbereitung und Farbintensivierung

Um die Lebensdauer des aufgemalten Henna-Designs zu verlängern, sollte man einige Dinge beachten: Reinigen Sie vor dem Auftragen der Hennapaste die entsprechende Hautpartie. Bringen Sie dann auf die gereinigte Haut *Eukalyptusöl* auf und massieren Sie dieses gut ein. Beim Einmassieren des Öls öffnen sich die Poren der Haut und die Farbe kann tiefer eindringen. Während nun die aufgemalte Hennapaste auf der Haut eintrocknet, können Sie die Farbintensität nochmals beeinflussen. Stellen Sie dazu eine Flüssigkeit aus *Zuckerwasser und Zitronensaft* her (Mischverhältnis 1:2) und betupfen Sie damit das Tattoo während des Trocknens vorsichtig. So halten Sie es feucht und die Farbe kann länger einziehen. Eine weitere Methode zur Farbintensivierung ist *Wärmezugabe*. Am einfachsten ist es hier, das Hennamotiv während des Trockenvorgangs mit einer Infrarotlampe zu bestrahlen.
Die Hennapaste sollte mindestens zwei Stunden auf der Haut bleiben – je länger, desto intensiver wird die Färbung. Ein optimales Verfahren ist es, die Paste etwa sechs Stunden auf der Haut zu belassen und während dieser Zeit immer wieder die Haut mit dem Zitronen-Zucker-Wasser zu betupfen. Ist die Einwirkzeit vorbei, rubbeln Sie die Hennapaste vorsichtig ab, am besten mit einem trockenen Handtuch.
Nach Entfernen der Hennapaste sollte die bemalte Hautpartie etwa 12 bis 24 Stunden vor Wasser geschützt werden.

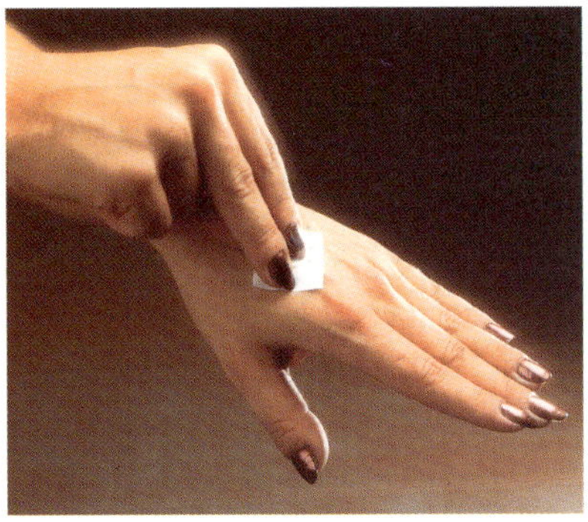
1

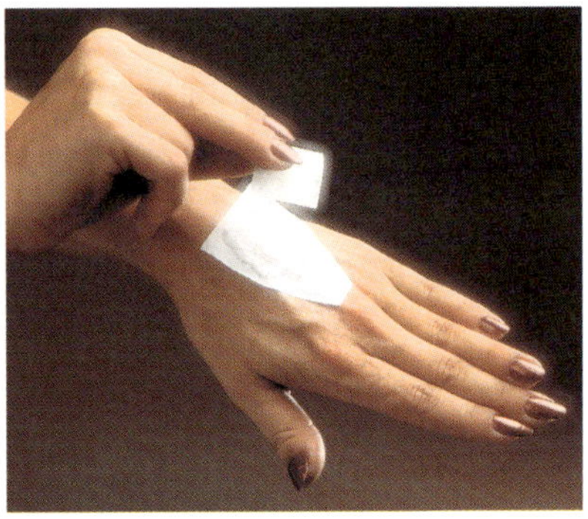
2

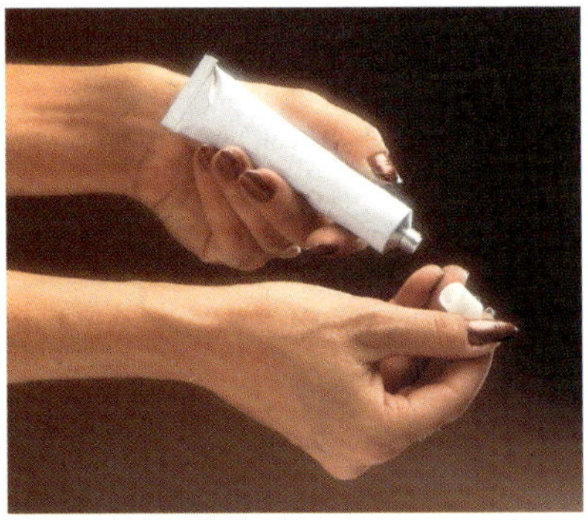
3

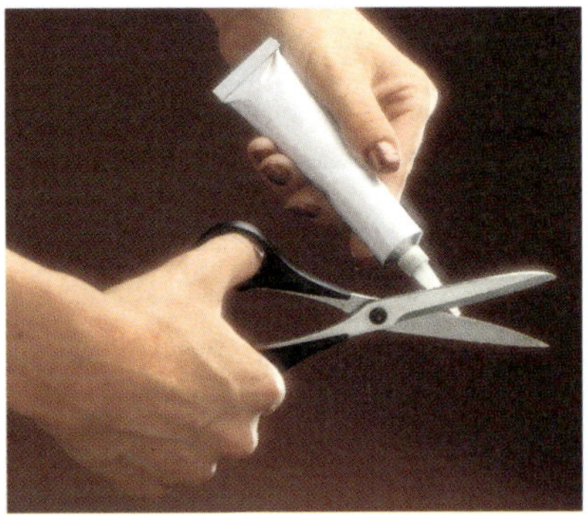
4

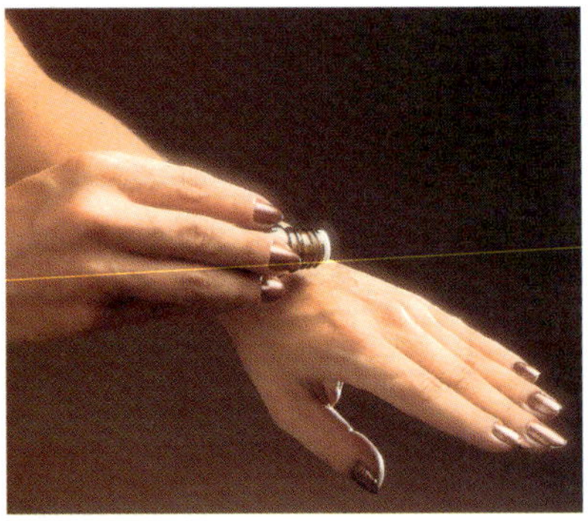
5

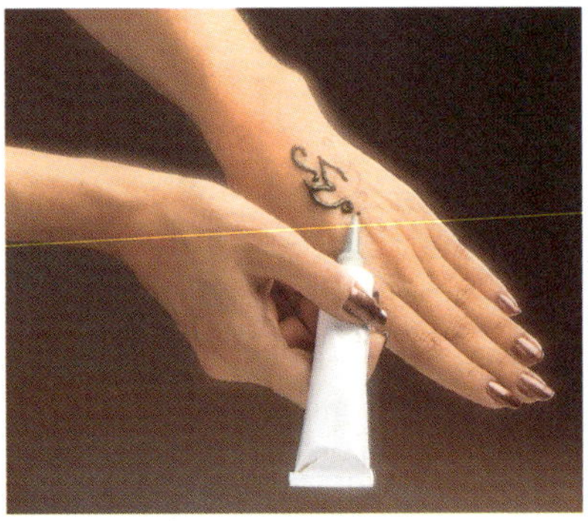
6

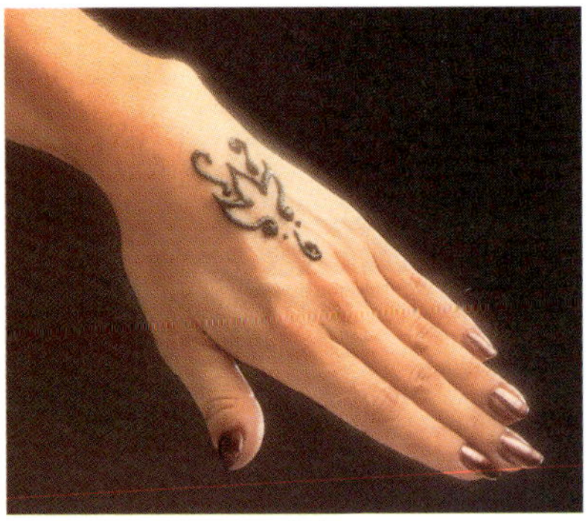
7

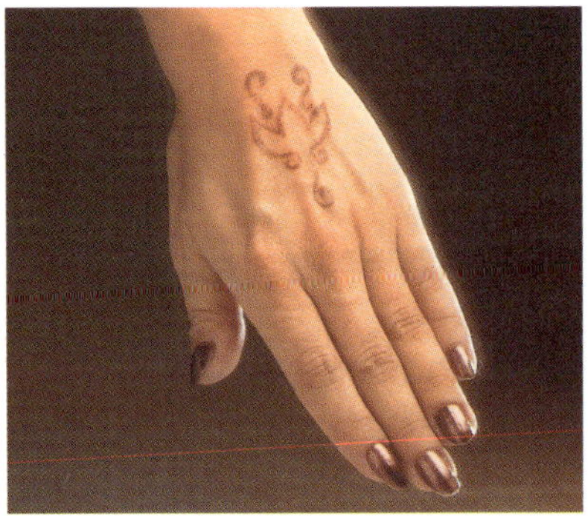
8

Malen Schritt für Schritt

*Schneiden Sie das gewünschte Motiv aus dem Transferbogen aus. Dann reinigen Sie die Hautpartie, auf die das Motiv aufgetragen werden soll, mit einem in Alkohol getränkten Wattepad (Vorsicht! Nur 70% Isopropanol verwenden) (**1**).*
*Legen Sie das Transfermotiv mit der bedruckten Seite nach unten auf die noch vom Alkohol feuchte Haut. Betupfen Sie nun das Transfermotiv auf der Rückseite vorsichtig mit Alkohol (**2**). So wird die Farbe auf die Haut übertragen. Das Transfermotiv sollte nicht zu feucht sein. Achten Sie darauf, dass es beim Abziehen von der Haut nicht angetrocknet ist. Tupfen Sie gegebenenfalls mit Alkohol nach.*
*Mischen Sie die Hennapaste noch in der Tube durch mehrmaliges Drücken. Öffnen Sie dann die Tube mit dem Dorn im Deckel (**3**).*
*Schrauben Sie nun die Applikationstülle auf die Tube, und schneiden Sie die Tüllenspitze ab – je weniger, desto feiner sind später die Motivlinien (**4**).*
Betupfen Sie jetzt die Haut **vorsichtig** *mit Eukalyptusöl (**5**). Achten Sie dabei darauf, dass das aufgetragene Motiv nicht verschmiert.*
*Tragen Sie jetzt an den Motivlinien entlang die Hennapaste auf (**6**).*
*Nun muss die Hennapaste etwa zwei Stunden eintrocknen (**7**). Dann rubbeln Sie sie vorsichtig ab.*
*Ihr fertiges Henna-Design ist nun orange (**8**). Aber keine Angst! Es dunkelt in den nächsten 12 bis 24 Stunden nach.*

Henna-Design: Profi-Gestaltungstipps

Achten Sie beim Malen mit Henna aus der Tube darauf, dass Sie die Hennapaste gleichmäßig und von hinten nach vorne aus der Tube drücken. So gelingen Ihnen feine, gleichmäßig dicke Linien, Muster und Strukturen.

Bei frisch geöffneten Hennatuben tritt nach dem ersten Drücken oft etwas Flüssigkeit aus, bis die Paste herausfließt. Hier handelt es sich um angesammeltes Wasser und das ist ganz normal.

Auf diesen beiden Seiten geben wir Ihnen einige Tipps für die Gestaltung ihres Henna-Designs. Darüber hinaus finden Sie ab Seite 32 viele illustrierte *Design-Vorlagen*, zum Beispiel für die Bemalung von Händen und anderes.

Schneiden Sie die auf die Tube geschraubte *Tüllenspitze* nicht zu weit hinten ab, da sonst die herausfließende Hennapaste zu dick aus der Tülle fließt. Je dünner der herausgedrückte Pastenstrang ist, desto feiner wird die Motivkontur.

Unabhängig von der jeweils angewandten Technik sollten Sie darauf achten, dass sie die frisch aufgetragene Hennapaste nicht mit der Hand verwischen. Arbeiten Sie daher am besten stets zum Körper hin.

Planen Sie ein *Ornament mit Mittelpunkt*, so sollten Sie immer mit dem zentralen Motiv (zum Beispiel Stern, Blume usw.) beginnen. An große Schnörkel können fortlaufend weitere kleine Schnörkel angefügt werden.

Arbeiten Sie mit *Transfermotiven*, können Sie selbstverständlich das übertragene Ornament mit weiteren Figuren und Schnörkeln frei verzieren. Der Fantasie sind dabei keine Grenzen gesetzt.

Möchten Sie eine *Hand* bemalen, so gibt es hinsichtlich der Motivauswahl keinerlei Einschränkungen, da sich alle Ornamente für Hand-Designs eignen. In alter Tradition werden hierbei oft auch die Handinnenflächen bemalt. Dort werden meist geometrische Figuren angewandt oder aber die Handinnenfläche komplett ohne Muster eingefärbt. Dabei sollten Sie beachten, dass eine Bemalung der Innenfläche durch die ständige Beanspruchung nicht so lange hält wie auf anderen Hautpartien. Es ist auch möglich, nur die Fingerkuppen und gleichzeitig die Fingernägel einzufärben. Dasselbe gilt auch für die Fußsohle und die Zehen.

Für die Bemalung der *Handgelenke* eignen sich am ehesten Bandornamente, zum Beispiel ein größeres, mittig aufgetrages Motiv mit seitlichen Ausläufern. Das Handgelenk kann in die Gestaltung eines Hand-Designs integriert werden.

Soll die Malerei am *Oberarm* angebracht werden, eignen sich hier ebenfalls hervorragend Bandmotive sowie großflächige Malereien, die sich über die Schulter und über den Rücken ausbreiten.

Möchten Sie im *Gesicht* eine Malerei auftragen, ist ein kleines Motiv in der Mitte der Stirn empfehlenswert. Hierbei kommen sowohl kleine Schnörkel wie kleine Motive Ihrer Wahl infrage. Auch ein einfacher Punkt wirkt sehr dekorativ.

Für ein Design am *Hals* bemalt man am besten die Seiten des Halses (rechts oder links am Hals entlang). Der Kehlkopf sollte nach Möglichkeit nicht bemalt werden, da dies optisch sehr unvorteilhaft wirkt. Langgezogene Motive eignen sich hier am besten. Speziell blumige Designs, verziert mit Blättern und Schnörkeln, kommen an dieser Körperpartie hervorragend zur Geltung. Anstelle einer Kette kann am Halsansatz ein zierliches Band mit Anhänger nachgezeichnet werden. Eine attraktive Kombination ist das Auftragen eines Hennamotivs vom Hals ausgehend bis hin zum *Dekolletee*. Das Dekolletee kann klassisch blumig oder mit Schnörkeln versehen werden.

Für den *Bauchnabel* wählt man am besten ein Motiv, das den Bauchnabel vollständig umschließt. Dies können blumige Motive, Sonnen oder keltische Ornamente sein. Den *Rücken* verziert man vorzugsweise von der Schulter ausgehend. Die Lendenwirbelgegend kann als Ausgangspunkt für eine großflächige Rückenbemalung dienen. Größe und Form bleiben hier der Fantasie überlassen.

Ebenfalls wunderschön gestalten läßt sich eine Malerei vom Lendenbereich beginnend über die *Gesäßseite* hinweg bis hin zum Oberschenkel. Geeignet dafür sind in Abständen aufgemalte große Blumen, die durch Schnörkel miteinander verbunden werden.

Bemalt man ausschließlich den *Oberschenkel*, so empfiehlt es sich, nur die Außenseiten mit Designs zu versehen.

Für die Bemalung der *Unterschenkel* eignet sich die Partie über dem Fußknöchel gut. Geeignet sind beispielsweise Bandornamente oder kleine Motive (Blumen oder keltische Motive) oberhalb des Knöchels, eventuell mit Ausläufern über den Knöchel hinweg bis auf den Fußrücken und die Zehen.

Die Bemalung der *Füße* entspricht der Bemalung der Hände. Blumige Motive eignen sich ebenso wie geometrische Figuren.

Im Allgemeinen kann man sagen, dass streng *geometrische Figuren* am ehesten an Händen und Füßen angewandt werden sollten, während *geschwungene Ornamente* an allen anderen, besonders runden Körperpartien, gut zu platzieren sind.

Viele Körperstellen wie die Füße, Arme und Beine oder der Bauchnabel können Sie problemlos selbst bemalen. Mit etwas Geschick ist dies ist auch bei beiden Händen möglich. Wenn das Henna-Design jedoch den Rücken oder den Po verzieren soll, wird Ihnen sicher gerne eine Person Ihrer Wahl das Motiv gestalten.

Entwerfen Sie selbst individuelle Designs nach eigenem Geschmack, und lassen Sie dabei Ihrer Fantasie freien Lauf. Vielleicht haben Sie ja Lieblingsmotive, die Sie gerne als Tattoo tragen möchten.
Fertigen Sie erst eine Skizze auf Papier an, ehe Sie das Motiv auf die Haut malen.

Fantasievolle Henna-Tattoos

Nehmen Sie Platz zu einer Design-Show ganz besonderer Art. Sie zeigt ausgewählte effektvolle Henna-Paintings am ganzen Körper, vom Kopf bis zu den Füßen. Neben Designs für Hände, Arme, Schulter und Rücken werden auf den folgenden Seiten auch Hennamalereien für ganz besonders erotische Körperstellen vorgestellt wie für Dekolletee, Bauchnabel oder Po.

Udgitha, die Lebenskraft

Dieses blumig anmutende Henna-Design ist wegen seiner langgezogenen, aber auch flächigen Ausrichtung ideal zur Bemalung von Händen und Füßen. Blütenstrukturen wechseln sich ab mit rankenartigen Ausläufern. Man kann förmlich spüren, wie sich symbolisch bei diesem Motiv die Kraft des Lebens ihren Weg bahnt, weshalb es auch auf indisch Udgitha, die Lebenskraft, heißt. Symmetrische und asymmetrische Strukturen wechseln sich ab. Wichtig ist bei der Gestaltung dieses Designs eine gute räumliche Aufteilung mit Festlegung eines Motivmittelpunkts. Hiervon ausgehend werden die Muster in Richtung der Finger entwickelt. Sehr gut geeignet für ein Hand-Design ist auch das unten abgebildete Motiv.

Tanhâ,
die Begierde

Geschwungen und verspielt präsentiert sich dieses Henna-Design. Wegen seiner Länge ist es besonders gut für eine Bemalung der Halspartie geeignet. Selbstverständlich können die geschwungenen Linien auch beliebig in Richtung Dekolletee oder Schulterblatt verlängert werden. Die Muster umspielen mit Leichtigkeit die seitliche Halslinie.

Bei der Gestaltung dieses Designs ist die Hilfe einer zweiten Person erforderlich, die das Motiv aufmalt. Es ist von unten nach oben, Partie für Partie auszuarbeiten. Dabei können Grundmotive beliebig variiert und aneinander gereiht werden.

Veda,
das Wissen

Ganz verschiedene Akzente prägen dieses Henna-Design. Während die eine Hand fantasievoll-lebendig bemalt ist, wird die andere von einem fast schon strengen Motiv verziert. Zwei Hände – so verschieden, wie die Erfahrungen des Lebens, aus denen schließlich unser Wissen über die Dinge resultiert.
Deutlich ist zu sehen, wie eine Hand von einem zentral angelegten Motiv dominiert wird, während sich bei der anderen Hand Einzelmotive in spielerischer Leichtigkeit aneinanderfügen. Die Realisierung beider Designs erfordert eine genaue Planung. Welche Hand solch welche Charakteristik erhalten? Variieren Sie die Motivteile und Linien nach Belieben.

Gita, das Lied

Dieses von der Gestaltung her fast rechteckig angelegte Motiv eignet sich hervorragend zur Dekoration des Oberarms. Die Motive sind etwas weniger filigran, die Linien sind klar und kräftig. Man denkt an ein Lied, das mit seinen Klängen das Innere des Zuhörers sanft zum Schwingen bringt …

Bei der Bemalung des Oberarms ist die Hilfe einer zweiten Person erforderlich. Arbeiten Sie das Design von oben nach unten aus, und achten Sie dabei auf fließende Übergänge zwischen den einzelnen Motivteilen.

Sehr schön sieht auch das unten abgebildete Motiv am Oberarm aus.

No. 11

No. 12

No. 13

No. 14

No. 15

No. 16

No. 17

No. 18

No. 19

No. 20

No. 21

No. 22

No. 23

No. 24

No. 25

Rûpa, das Körperliche

Das Dekolletee (wird hier durch ein raumgreifendes Ornament verziert. Organisch-weiche Strukturen geben dem Design eine besondere Körperlichkeit. Es scheint, als ob beide Motivhälften einer gemeinsamen Wurzel entspringen würden und ihre Trägerin umfassen wollen.

Wichtig ist bei der Gestaltung dieses Designs die wirkungsvolle Inszenierung der Teilmotive. Außerdem sollte bei der Ausarbeitung der Motivteile die Kleidungsfrage mitberücksichtigt werden, damit wichtige Motivteile beim Tragen eines Sonnen-Tops oder eines anderen ausgeschnittenen Oberteils später nicht verdeckt sind. Beginnen Sie mit dem Malen unterhalb des Halses. Dann arbeiten Sie das Design weiter nach unten und seitlich aus. Schön sehen am Dekolletee auch die unten abgebildeten Motivteile aus.

Vedanâ, die Empfindung

Dieses Design zeigt sich weit ausladend, teils mit kräftigen Elementen, teils mit grazilen und blumigen Elementen gestaltet. Ein solch komplexes und vielschichtiges Motiv kommt auf einer großen Hautfläche besonders gut zur Geltung. Der Rücken ist also eine besonders gute „Kulisse“, um den Gegensatz zwischen kraftvollen und feinen Strukturen wiederzugeben.

Beim Ausarbeiten des Designs beginnen Sie am besten an der Schulter, um es dann nach unten fortzuführen. Variieren Sie Teile des Grundmotivs immer wieder neu.

Brahmân, das Universum

Dieses symmetrisch angelegte Design bezieht den Bauchnabel als Zentrum des Motivs mit ein. Die Strukturen sind um den Bauchnabel herum angeordet worden, wie die Sterne eines Universums um ihr Leitgestirn. Man spürt förmlich, wie sich die Eckpunkte des Motivs ausdehnen wollen, um den sie umgebenden Raum vollständig einzufangen.

Bei der Gestaltung dieses Designs arbeiten Sie am besten von der Mitte aus nach außen. Achten Sie auf eine möglichst genaue symmetrische Anordnung der Motivteile. Schön ist auch eine Bauchnabelgestaltung mit dem unten abgebildeten Motiv.

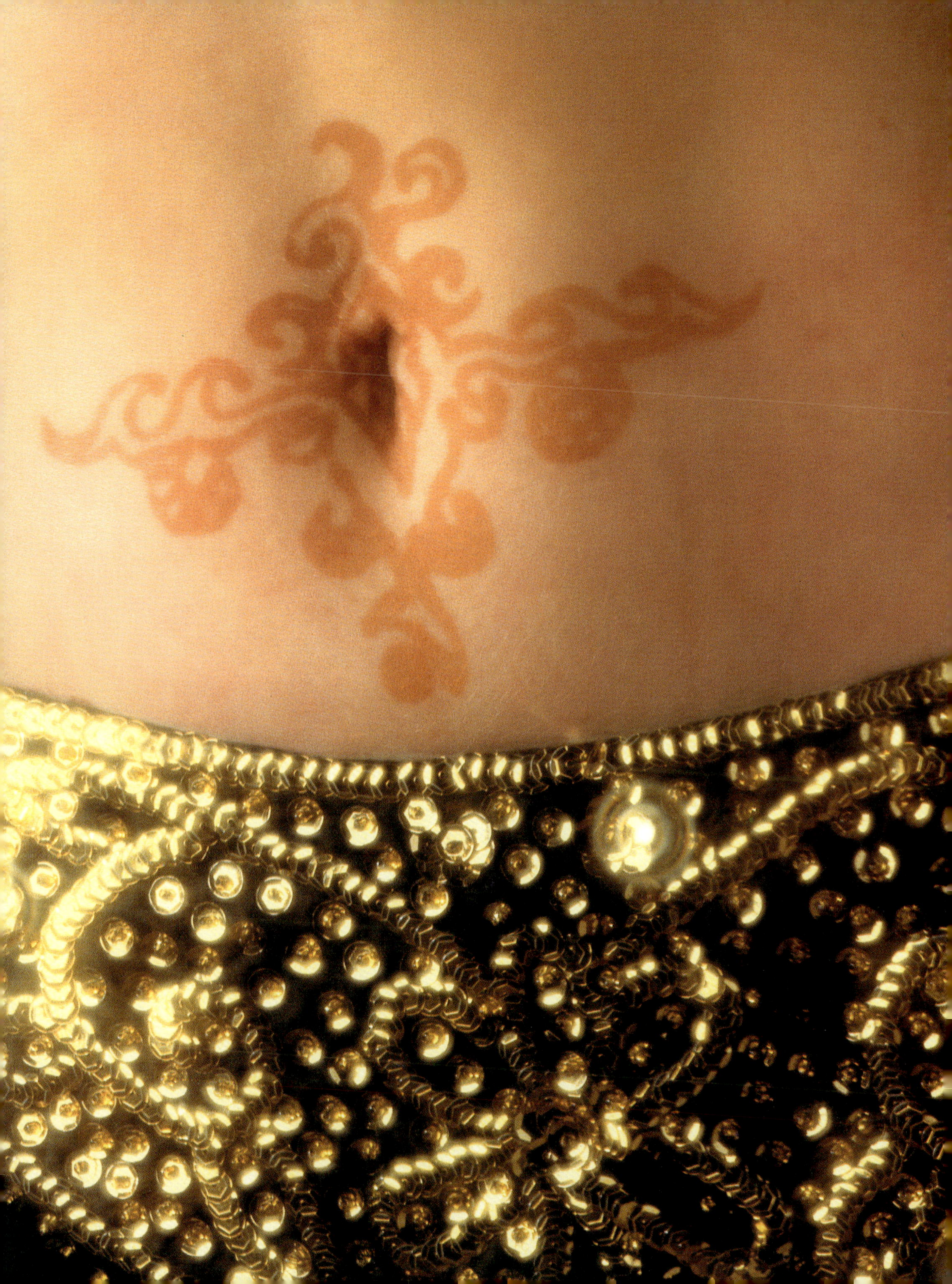

Jâti, die Wiedergeburt

Das zweite Bauchnabel-Design ist weniger symmetrisch angelegt, der Bauchnabel steht jedoch auch hier im Zentrum des Motivs. Man hat fast den Eindruck, als ziehe er die Motive auf eine Seite, um dann nach oben hin in weiche organische Formen überzugehen.

Tragen Sie das Henna von unten nach oben auf, um bereits beim Malen der Hauptausrichtung des Motivs Rechnung zu tragen. Körperschmuck wie dieser Bauchnabelring kann als Teil des Designs mit in die Gestaltung einbezogen werden. Setzen Sie Schnörkel, Punkte und andere Teile des unten abgebildeten Motivs nach Belieben ein.

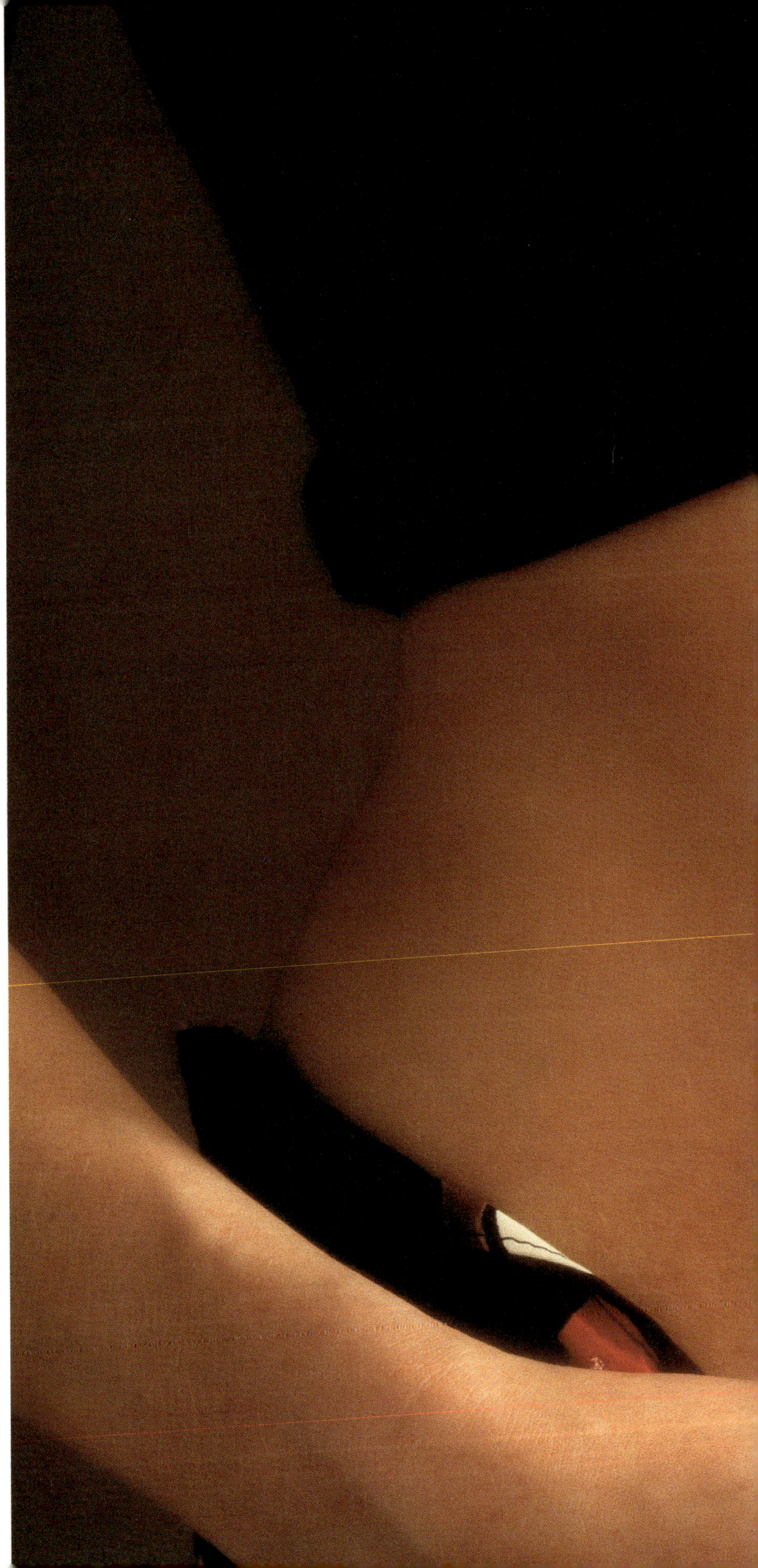

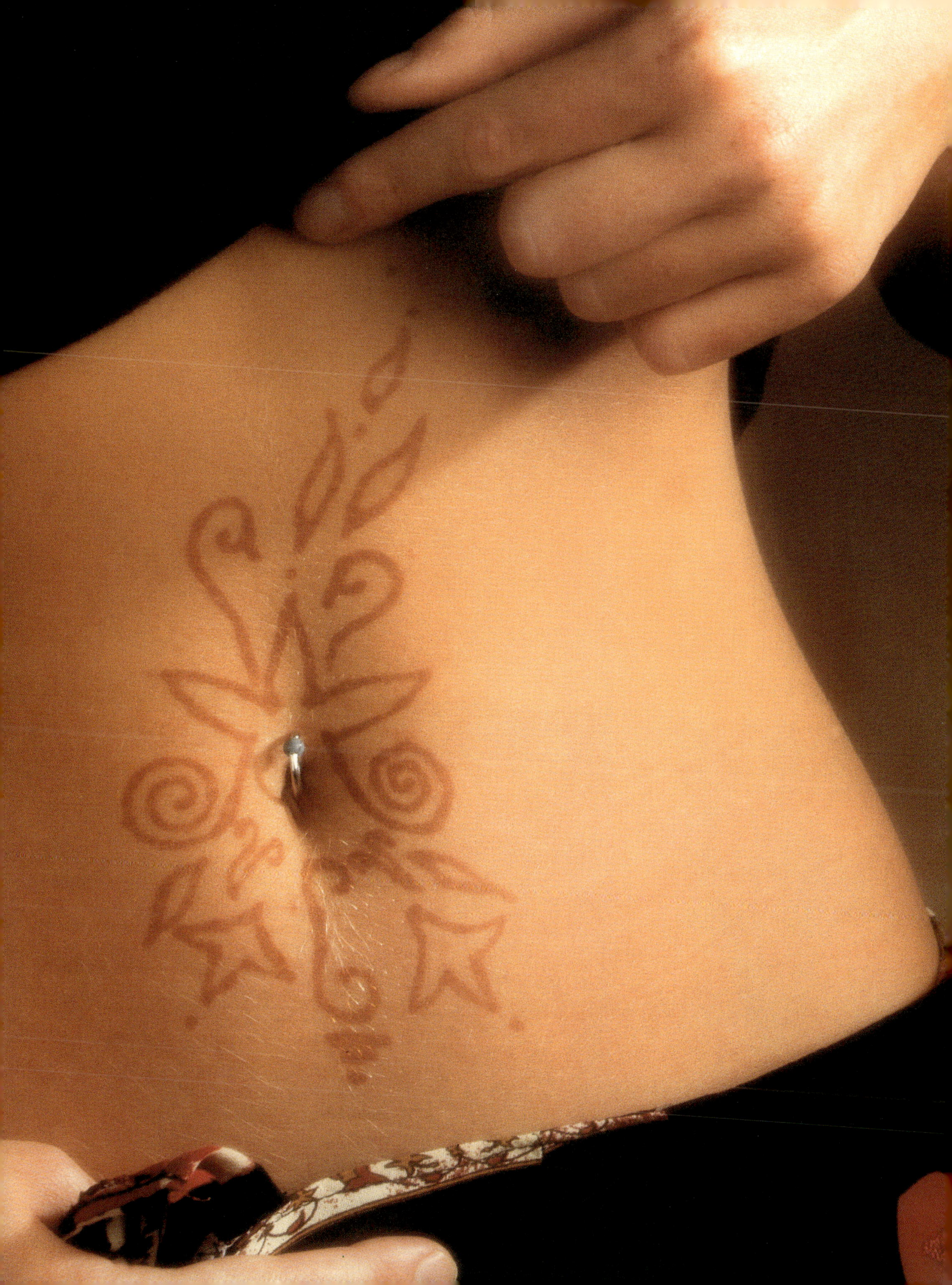

Svar, die Sonne

Besonders interessante Effekte ergeben sich, wenn kräftig-blumige und ausladende Motive auf dem Gesäß aufgebracht werden. Die natürliche Rundung dieser Hautpartie verleiht dem Motiv eine gewisse Tiefe. Es strahlt Kraft und Energie aus. Blumige Motive wechseln sich ab mit Ranken, die sich wie Lichtstrahlen ihren Weg bahnen.

Bei der Gestaltung dieser Körperpartie ist die Hilfe einer zweiten Person erforderlich. Beginnen Sie die Gestaltung des Motivs auf einer zentralen Stelle des Gesäßes und malen Sie dann kreisförmig nach außen.

Dabei sollten die Motive jedoch nicht zu filigran angelegt werden. Die unten abgebildete Blüte sieht hier ebenfalls sehr hübsch aus.

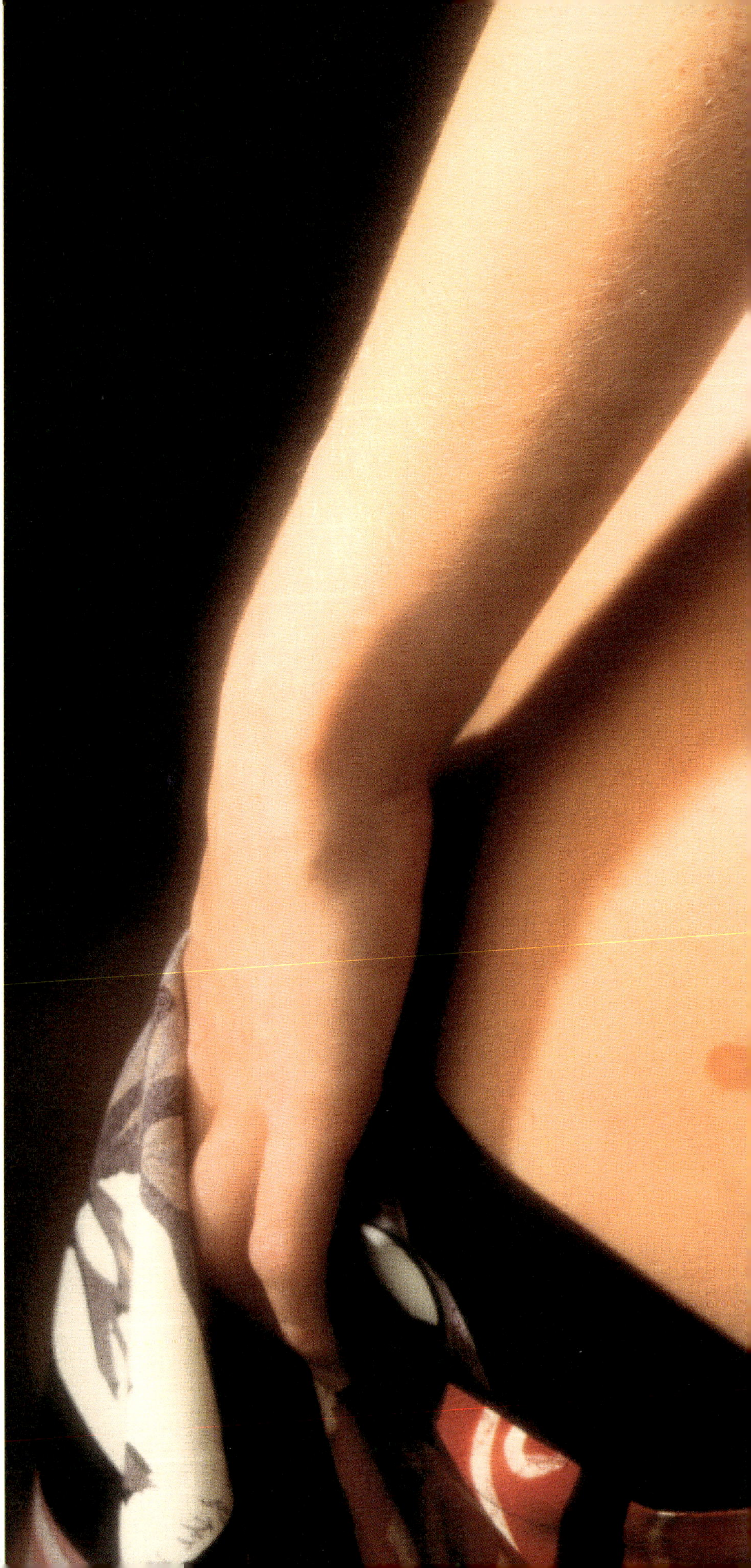

Âtman, das Selbst

Dieses stark konturierte, fast rechteckig angelegte Henna-Design eignet sich hervorragend zur Bemalung der oberen Fußpartie. Rankenartige Linien und sternförmige Motivstrukturen betonen dieses Körperteil auf eindrucksvolle Weise.
Beginnen Sie die Bemalung an der Fußwurzel, und arbeiten Sie dann weiter in Richtung Zehen. Achten Sie dabei darauf, dass die Linien rankenartig auslaufen, und vergessen Sie nicht, sternförmige Strukturen als optische Fixpunkte zu setzen.
Schön sieht es auch aus, wenn Sie das Motiv nach oben hin, also über den Knöchel hinweg und den Unterschenkel hinauf, verlängern.
Das unten abgebildete Ornament eignet sich für ein Fuß-Design auch sehr gut.

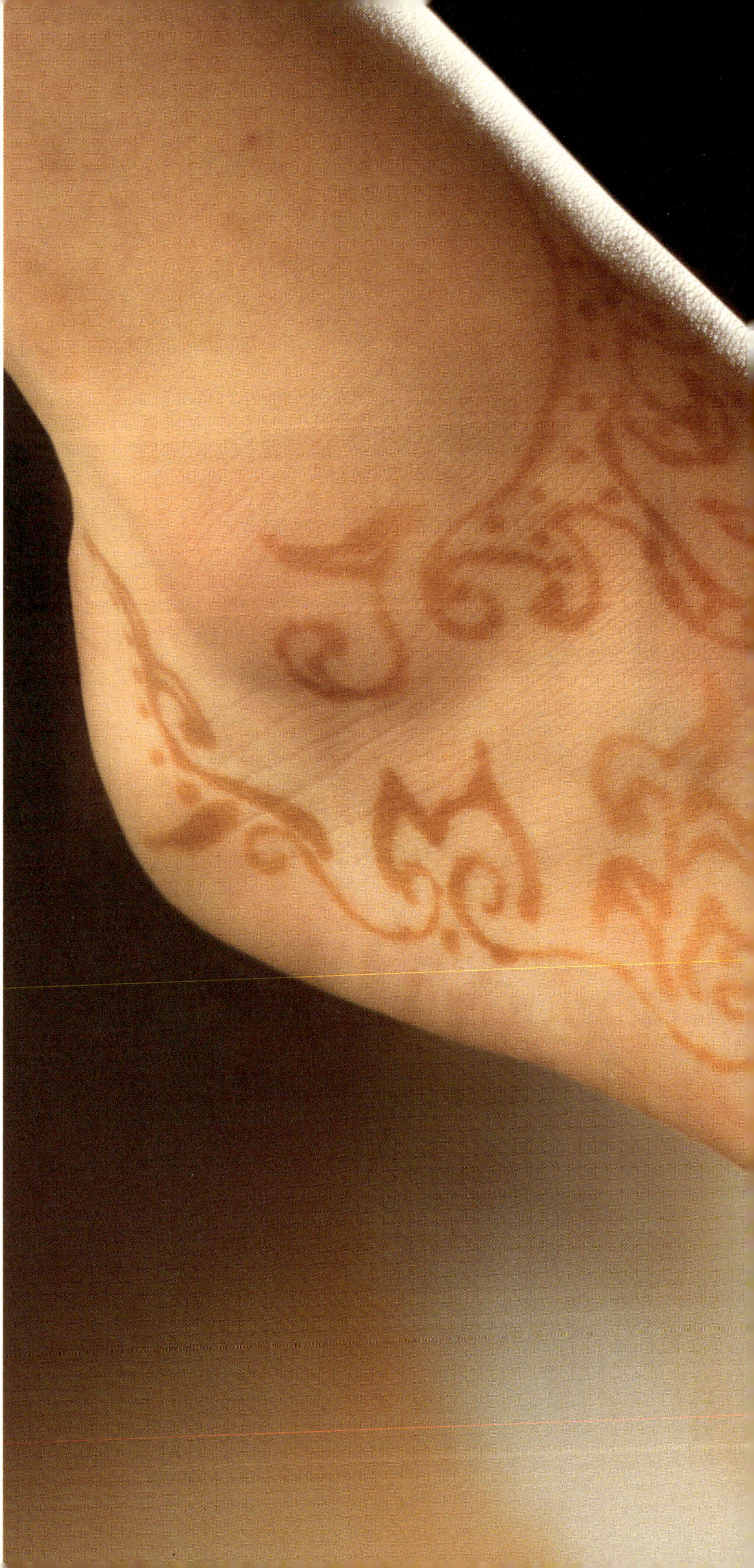

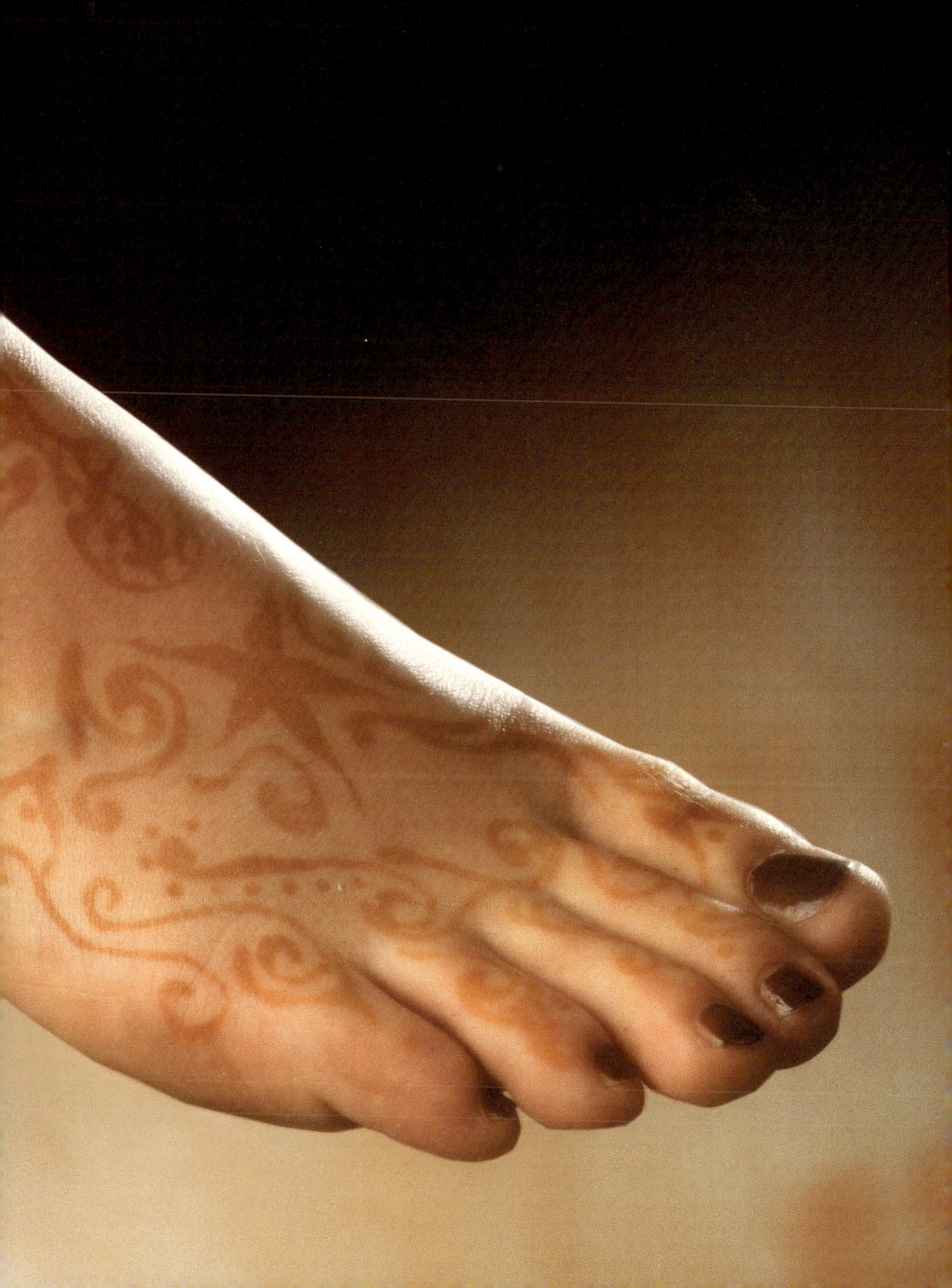

FALKEN im Internet: http://www.FALKEN.de

Dieses Buch wurde auf chlorfrei gebleichtem und säurefreiem Papier gedruckt.

Der Text dieses Buches entspricht den Regeln der neuen deutschen Rechtschreibung.

Material und Zubehör können Sie beziehen über:
Eulenspiegel Profi-Schminkfarben, Obergasse 7, 65589 Hadamar, Tel. 0 64 33 - 9 14 40

ISBN 3 8068 2363 4

Umschlaggestaltung: Elisabeth Berthauer/Peter Pinzer
Layout: Petra Minn, Mainz
Redaktion: Christiane Rückel
Herstellung: Harald Kraft
Titelbild und Fotos: Studio Team, Langen
Illustrationen: Eulenspiegel Profi-Schminkfarben, Hadamar
Reinzeichnung des Motivtransferbogens: Eulenspiegel Profi-Schminkfarben, Hadamar
Druck des Motivtransferbogens: Spectral-Werbung, Waldbrunn

Satz: FALKEN Verlag, Niedernhausen/Ts.
Druck: Westermann Druck Zwickau GmbH

817 2635 4453 6271

Design-Vorlagen: Motive und Ornamente

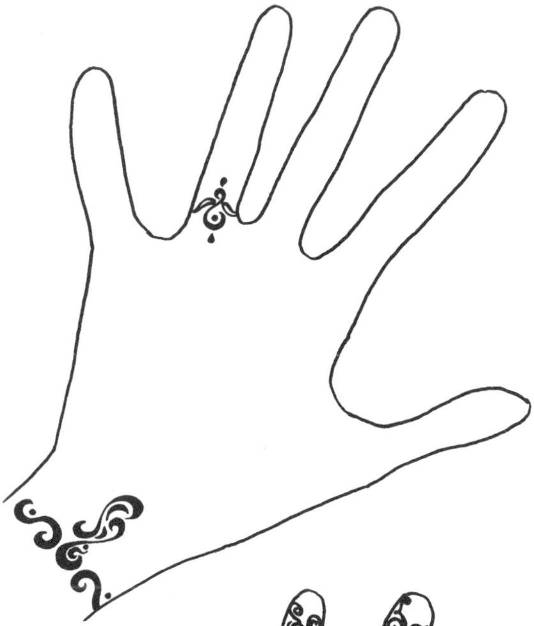
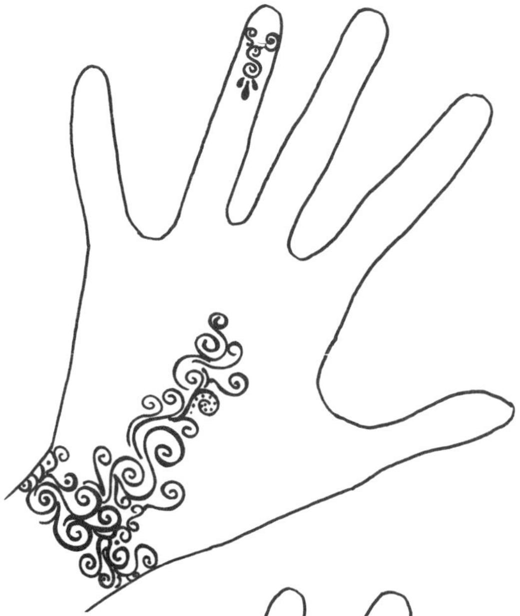
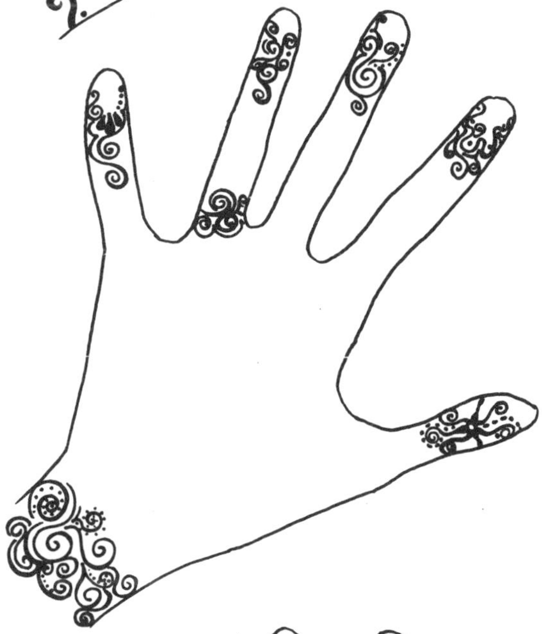
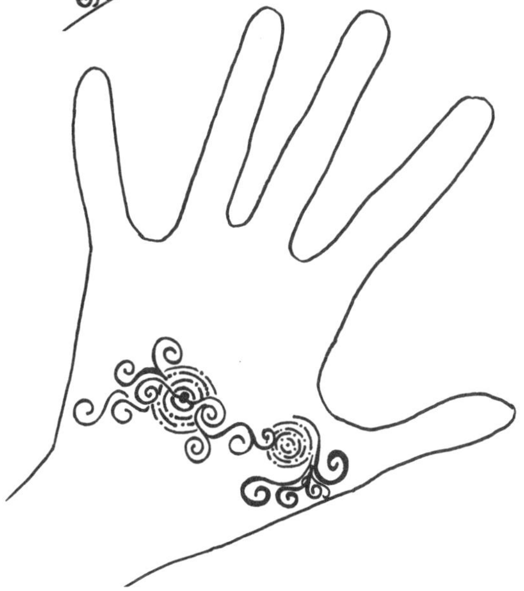
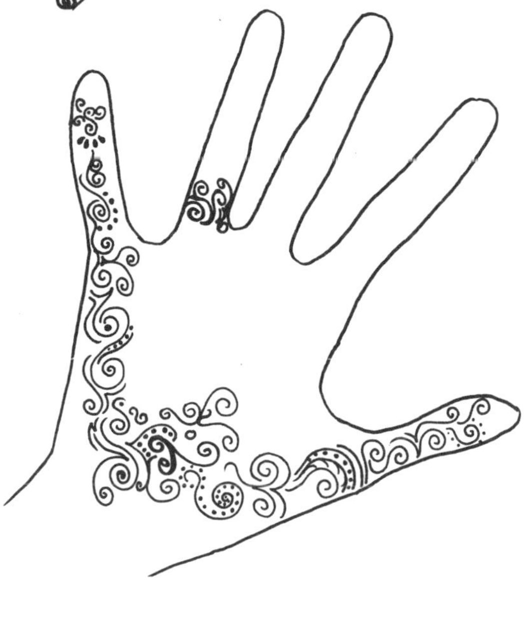
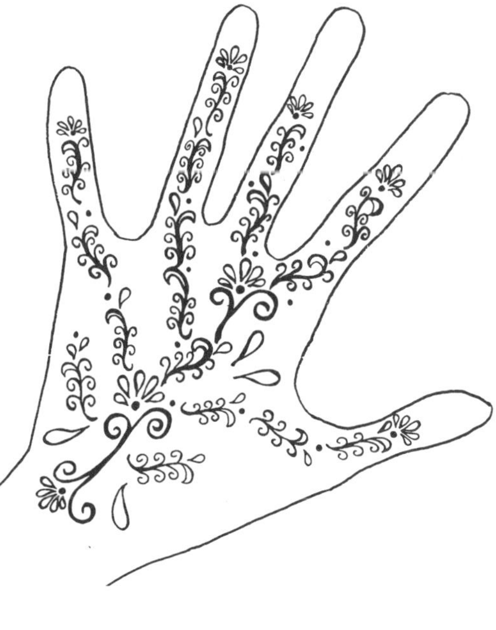

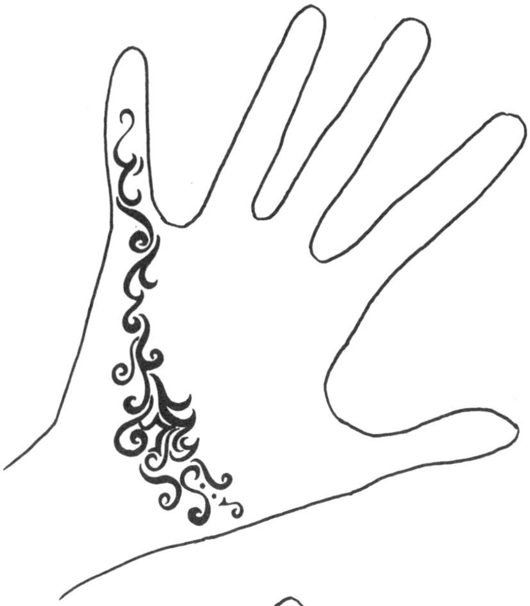
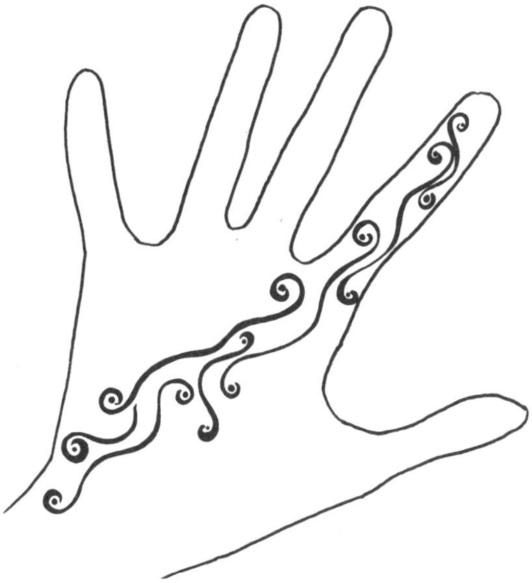
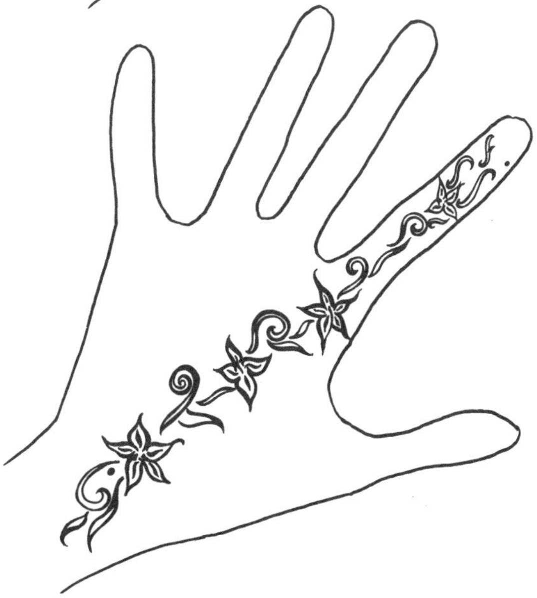
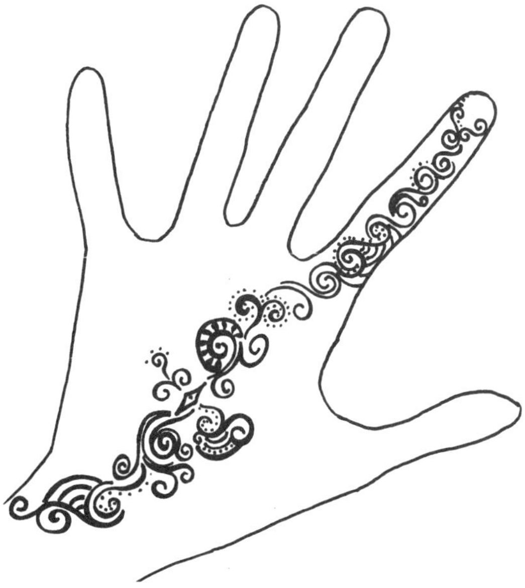
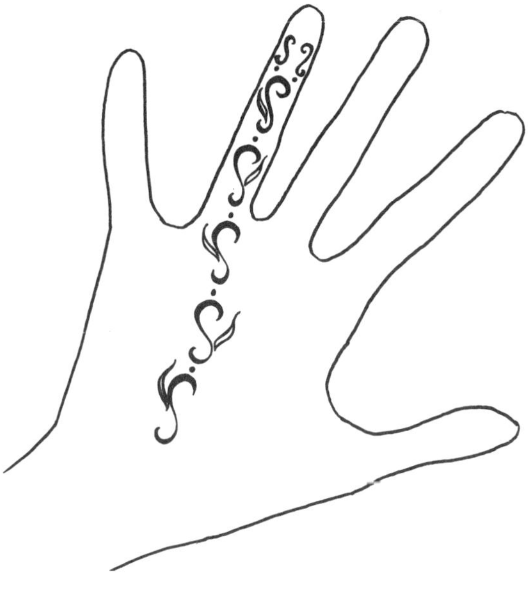
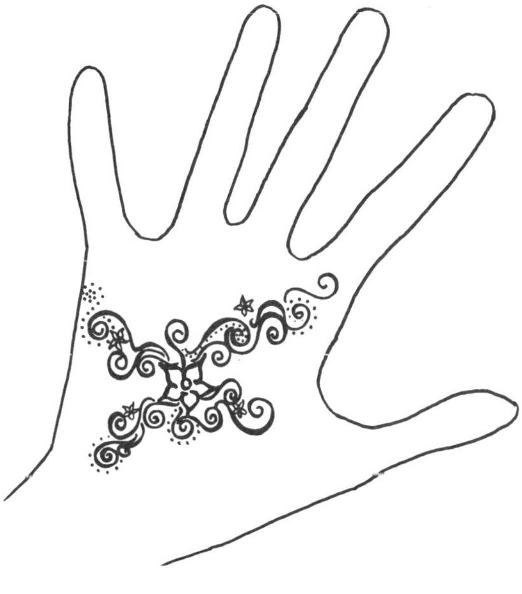